Curso

La diferencia entre aprobar
y sacar plaza

AF212170

Planchador/a

SERVICIO DE SALUD DE CASTILLA-LA MANCHA (SESCAM)

Si aún no dispones de tu **Curso MAD360**, te ofrecemos un acceso GRATIS de 30 días para que disfrutes de los siguientes recursos:

- Técnicas de Memoria 360.
- MADTEST: Test *online* Nivel PRO.
- Temario en formato digital.
- Planificación de estudio.
- Foro entre opositores hasta la fecha del examen.*
- Recursos y novedades exclusivas.
- Consúltanos sobre tu oposición y proceso selectivo.
- Actualizaciones legislativas (Boletines Oficiales) hasta 60 días antes de la fecha del examen.*

Para acceder a esta prueba del Curso MAD360** será necesaria la compra de todos los libros para esta especialidad de la edición 2025.

Regístrate en **mad.es/iniciar-sesion** y en la pestaña BIBLIOTECA valida los códigos que encuentras en la última página de tus libros.

NOTA IMPORTANTE:

* Examen de esta categoría profesional correspondiente a la convocatoria publicada en el DOCM n.º 69, de 9 de abril de 2025, o hasta el 31 de julio de 2026, lo que se cumpla antes, y previa renovación del servicio.

** El acceso al CURSO MAD360 estará disponible desde julio de 2025 (algunos recursos podrían estar disponibles en fecha posterior). Tendrá una duración de 30 días RENOVABLES mediante pago, desde la validación de códigos, o hasta el 31 de enero de 2027, lo que se cumpla antes.

MAD se reserva el derecho a ampliar dichas fechas.

Planchador/a del Servicio de Salud de Castilla-La Mancha (SESCAM)

Julio 2025

Planchador/a del Servicio de Salud de Castilla-La Mancha (SESCAM)

Test del temario

Autores

FRANCISCO JESÚS TORRES FONSECA
Licenciado en Derecho

MOISÉS CAYETANO RODRÍGUEZ
Profesor en la Academia de Seguridad Pública de Extremadura

DOMINGO GÓMEZ MARTÍNEZ
Licenciado en Derecho

JOSÉ LUIS GARRIDO VELA
Licenciado en Derecho

TERESA MARÍA TORRES FONSECA
Licenciada en Derecho

JUAN CARLOS USERO LÓPEZ
Licenciado en Derecho

ANA MARÍA SERRANO BÁRCENA
Licenciada en Biología

JUAN MANUEL GIL RAMOS
Licenciado en Medicina. Master en Salud Ambiental

HERMINIA ANDRADES ROMERO
Auxiliar de Enfermería

LUIS SILVA GARCÍA
Diplomado Universitario en Enfermería
Recuperación de Urgencias

© 7 Editores Recursos para la Cualificación Profesional y el Empleo, S.L. (7 Editores)
© Los autores
Primera edición, julio 2025 (98 páginas)
Derechos de edición reservados a favor de 7 Editores
IMPRESO EN ESPAÑA
Diseño Portada: 7 Editores
Edita: 7 Editores
Avda. San Francisco Javier, 9 · Edificio Sevilla 2 · Planta 11 · Módulos 25-27 · 41018 Sevilla
Teléfono: 954 784 411 · WEB: www.mad.es · e-mail: administracion@7editores.com
ISBN: 978-84-142-9672-1
© "Editorial Mad" y "Eduforma" son nombres comerciales registrados de
7 Editores Recursos para la Cualificación Profesional y el Empleo, S.L.

Índice

TEST PARTE COMÚN

La Constitución Española: Título I. De los Derechos y Deberes Fundamentales. La protección de la salud en la Constitución. El Estatuto de Autonomía de Castilla-La Mancha: Instituciones de la Comunidad Autónoma de Castilla-La Mancha; Competencias de la Junta de Comunidades de Castilla-La Mancha. La Unión Europea: Instituciones Comunitarias

1. ¿En qué se fundamenta la Constitución Española?

a) En un Estado social y democrático de Derecho.
b) En la indisoluble unidad de la Nación española.
c) En la independencia de los poderes del Estado.
d) En la organización territorial del Estado.

2. Según el artículo 3 de la CE, el castellano es la lengua oficial del Estado y todos los españoles:

a) Tienen el deber de usar y el derecho de conocer el castellano.
b) Tienen el derecho y el deber de conocer el castellano.
c) Tienen el deber de conocer y el derecho de usar el castellano.
d) Tienen el derecho de conocer y usar el castellano.

3. La Constitución Española reconoce y garantiza el derecho a la autonomía:

a) De las nacionalidades que la integran.
b) De las regiones que la integran.
c) De las Comunidades Autónomas que la integran.
d) De las nacionalidades y regiones que la integran.

4. El Preámbulo de la Constitución:

a) Tiene en sí carácter de norma jurídica.
b) Es una declaración de intenciones, destinada a interpretar lo que se quiere alcanzar con el contenido normativo de la Constitución.
c) Se trata de un texto sin fuerza jurídica de obligar.
d) Las respuestas b) y c) son correctas.

5. Señala la afirmación correcta, respecto de la aprobación, ratificación y publicación de la Constitución Española:

a) Aprobada por las Cortes el 31 de octubre de 1978, ratificada por el pueblo en referéndum el 6 de diciembre de 1978 y publicada el 29 de diciembre de 1978.

b) Aprobada por las Cortes el 30 de octubre de 1978, ratificada por el pueblo en referéndum el 16 de diciembre de 1978 y publicada el 27 de diciembre de 1978.

c) Aprobada por las Cortes el 31 de octubre de 1978, ratificada por el pueblo en referéndum el 16 de diciembre de 1978 y publicada el 29 de diciembre de 1978.

d) Aprobada por las Cortes el 10 de octubre de 1978, ratificada por el pueblo en referéndum el 26 de diciembre de 1978 y publicada el 30 de diciembre de 1978.

6. ¿En qué parte de la Carta Magna se establece la exposición de motivos que impulsan la norma constitucional y los objetivos que con ella se pretenden alcanzar?

a) En el Título preliminar.
b) En el Preámbulo.
c) En el Título I.
d) En el Título II.

7. La Constitución Española fue sancionada por:

a) El Rey.
b) El Presidente del Congreso.
c) Las Cortes Generales.
d) El Presidente del Gobierno.

8. ¿Cuáles de los siguientes españoles de origen pueden ser privados de su nacionalidad?

a) Exclusivamente los miembros de grupos terroristas.
b) Los miembros de grupos terroristas y los que atenten contra el Rey u otro miembro de la Casa Real.
c) Los que atenten contra un miembro de la Familia Real o del Gobierno de la Nación.
d) Ningún español de origen podrá ser privado de su nacionalidad.

9. Según la CE son fundamentos del orden político y la paz social:

a) La dignidad de la persona, los derechos violables que les son inherentes y el respeto a la ley.
b) La dignidad de la persona, el desarrollo limitado de la personalidad y el respeto a la ley.
c) El respeto a la ley, a los reglamentos administrativos y demás disposiciones legales.
d) La dignidad de la persona, los derechos inviolables que le son inherentes, el libre desarrollo de su personalidad, el respeto a la ley y a los derechos de los demás.

10. ¿Cuál de los siguientes es considerado por la CE como uno de los valores superiores del ordenamiento jurídico?

a) La jerarquía normativa.
b) El pluralismo político.
c) La publicidad normativa.
d) La equidad.

11. El Tribunal de Justicia de la Unión Europea comprenderá:

a) El Tribunal de Justicia, el Tribunal General y los tribunales especializados.
b) El Tribunal de Justicia y el Tribunal General.
c) El Tribunal de Justicia, el Tribunal General, los tribunales especializados y el Tribunal de Primera Instancia.
d) El Tribunal de Justicia y los tribunales especializados.

12. El Consejo está compuesto por:

a) Un representante de cada Estado miembro, de rango ministerial, facultado para comprometer al Gobierno del Estado miembro al que represente y para ejercer el derecho de voto.
b) Los Jefes de Estado o de Gobierno de los Estados miembros, así como por su Presidente y por el Presidente de la Comisión.
c) Los Jefes de Estado o de Gobierno de los países miembros.
d) Todas son falsas.

13. Excepto cuando los Tratados dispongan otra cosa, el Consejo se pronunciará por:

a) Mayoría simple.
b) Unanimidad.
c) Mayoría cualificada.
d) Mayoría simple y cualificada.

14. ¿Cuál es el órgano ejecutivo de la Unión Europea?

a) El Consejo.
b) El Consejo Europeo.
c) La Comisión.
d) El Presidente de la Comisión.

15. Los miembros de la Comisión son nombrados por:

a) El Parlamento.
b) El Parlamento y el Consejo Europeo de forma conjunta.
c) El Consejo Europeo, por mayoría cualificada.
d) El Consejo, por mayoría cualificada.

16. Señala la respuesta verdadera:

a) El Parlamento Europeo y el Consejo estarán asistidos por un Comité Económico y Social y por un Comité de las Regiones que ejercerán funciones consultivas.

b) El Parlamento Europeo, el Consejo y la Comisión estarán asistidos por un Comité Económico y Social y por un Comité de las Regiones que ejercerán funciones consultivas.

c) El Parlamento Europeo, el Consejo, la Comisión y el Tribunal de Justicia estarán asistidos por un Comité Económico y Social y por un Comité de las Regiones que ejercerán funciones consultivas.

d) Todas las respuestas son falsas.

17. El Parlamento Europeo:

a) Estará compuesto por representantes de los ciudadanos de la Unión.

b) La representación de los ciudadanos será decrecientemente proporcional, con un mínimo de seis diputados por Estado miembro.

c) No se asignará a ningún Estado miembro más de noventa y seis escaños.

d) Todas las respuestas son verdaderas.

18. Los Diputados al Parlamento Europeo serán elegidos para un mandato de:

a) Cuatro años.

b) Seis años.

c) Cinco años.

d) Todas son falsas.

19. El presupuesto anual de la UE es decidido (aprobado):

a) Conjuntamente por el Consejo y el Parlamento, por un procedimiento especial.

b) Por el Parlamento.

c) Por la Comisión.

d) Por la Comisión y el Parlamento, por un procedimiento ordinario.

20. El Coreper es:

a) La representación de cada miembro ante la UE.

b) Un órgano de la Comisión.

c) Un órgano del Parlamento.

d) La reunión de los miembros de la Comisión.

En MADTEST tienes **más preguntas de este tema**, y todos tus avances quedan registrados y se reflejan en el ranking.

¡Supera tus límites con MADTEST!

Solución al test n.º 1

1. b) En la indisoluble unidad de la Nación española.

2. c) Tienen el deber de conocer y el derecho de usar el castellano.

3. d) De las nacionalidades y regiones que la integran.

4. d) Las respuestas b) y c) son correctas.

5. a) Aprobada por las Cortes el 31 de octubre de 1978, ratificada por el pueblo en referéndum el 6 de diciembre de 1978 y publicada el 29 de diciembre de 1978.

6. b) En el Preámbulo.

7. a) El Rey.

8. d) Ningún español de origen podrá ser privado de su nacionalidad.

9. d) La dignidad de la persona, los derechos inviolables que le son inherentes, el libre desarrollo de su personalidad, el respeto a la ley y a los derechos de los demás.

10. b) El pluralismo político.

11. a) El Tribunal de Justicia, el Tribunal General y los tribunales especializados.

12. a) Un representante de cada Estado miembro, de rango ministerial, facultado para comprometer al Gobierno del Estado miembro al que represente y para ejercer el derecho de voto.

13. c) Mayoría cualificada.

14. c) La Comisión.

15. c) El Consejo Europeo, por mayoría cualificada.

16. b) El Parlamento Europeo, el Consejo y la Comisión estarán asistidos por un Comité Económico y Social y por un Comité de las Regiones que ejercerán funciones consultivas.

17. d) Todas las respuestas son verdaderas.

18. c) Cinco años.

19. a) Conjuntamente por el Consejo y el Parlamento, por un procedimiento especial.

20. a) La representación de cada miembro ante la UE.

TEST N.º 2

Ley General de Sanidad: Organización general del Sistema Sanitario Público; Los Servicios de Salud de las Comunidades Autónomas y las Áreas de Salud. Ley de Ordenación Sanitaria de Castilla-La Mancha: Disposiciones generales; Plan de Salud de Castilla-La Mancha, Competencias de las Administraciones Públicas: El Servicio de Salud de Castilla-La Mancha: funciones, organización y estructura

1. Señala cuál de las siguientes es una de las funciones del Consejo de Gobierno de la Junta de Comunidades de Castilla-La Mancha:

a) Controlar e inspeccionar las actividades del Sistema Sanitario de Castilla-La Mancha y su adecuación al Plan de Salud.

b) Aprobar el reglamento de estructura y funcionamiento del Servicio de Salud de Castilla-La Mancha en los términos marcados en la Ley de Ordenación Sanitaria.

c) Autorizar, catalogar y, en su caso, acreditar los centros, servicios y actividades sanitarias, así como el mantener los registros pertinentes.

d) Aprobar la delimitación, dentro de las Áreas de Salud, de las Zonas Básicas de Salud y de cualquier otra ordenación.

2. ¿Cuál es la definición de Sistema Nacional de Salud que establece la Ley General de Sanidad (Ley 14/1986, de 25 de abril)?

a) Es el conjunto de los Servicios de Salud de las Comunidades Autónomas, coordinados en el Consejo Interterritorial del Sistema Nacional de Salud.

b) Es el conjunto de los Servicios de Salud dependientes del Instituto Nacional de la Salud y de los Servicios de Salud de las Comunidades Autónomas en los términos establecidos en la Ley General de Sanidad.

c) Es el conjunto de los Servicios de Salud de la Administración del Estado y de los Servicios de Salud de las Comunidades Autónomas en los términos establecidos en la Ley General de Sanidad.

d) Es el conjunto de los servicios de Salud de las Comunidades Autónomas y de las Corporaciones Locales en los términos establecidos en la Ley General de Sanidad.

3. El objeto de la Ley General de Sanidad es:

a) La reforma del sistema sanitario privado.

b) Las necesidades de mejora en los servicios prestados a los ciudadanos extranjeros.

c) La distribución de competencias entre el Estado y las Comunidades Autónomas y las Corporaciones Locales.

d) Hacer efectivo el derecho a la protección de la salud.

4. Según dispone la Ley 14/1986, de 25 de abril, General de Sanidad, son titulares del derecho a la protección de la salud y a la atención sanitaria:

a) Únicamente los ciudadanos manchegos.

b) Todos los españoles.

c) Cualquier ciudadano.

d) Todos los españoles y los ciudadanos extranjeros que tengan establecida su residencia en España.

5. Los medios y actuaciones del sistema sanitario estarán orientados prioritariamente a:

a) La curación y la rehabilitación.

b) La promoción de la salud.

c) Atender los grupos de riesgos desde el punto de vista sanitario.

d) La promoción de la salud y la prevención de las enfermedades.

6. ¿Cómo se denominan –según lo dispuesto en la Ley General de Sanidad– las estructuras fundamentales del sistema sanitario en las Comunidades Autónomas, responsables de la gestión unitaria de los Centros y establecimientos de los Servicios de Salud de las Comunidades Autónomas?

a) Centros hospitalarios.

b) Áreas de Salud.

c) Delegaciones Provinciales de Salud.

d) Centros de Salud.

7. ¿En qué artículo de la Constitución de 1978 se reconoce el derecho a la protección de la salud de todos los ciudadanos?

a) En el artículo 23.

b) En el artículo 32.

c) En el artículo 34.

d) En el artículo 43.

8. Las Áreas de salud se distribuyen, de forma desconcentrada, en demarcaciones territoriales delimitadas, teniendo en cuenta factores de diversa índole, pero sobre todo, respondiendo a unas ideas principales, entre las que no figura:

a) Proximidad de los servicios a los usuarios.
b) Gestión descentralizada.
c) Gestión participativa.
d) Recursos económicos de la comunidad.

9. ¿A quién corresponde elaborar el reglamento de composición y funcionamiento del Servicio de Salud de Castilla-La Mancha?

a) A la Consejería competente en materia de sanidad.
b) Al Consejo de Gobierno de la Junta de Comunidades de Castilla-La Mancha.
c) Al Ministerio competente en materia sanitaria.
d) Al Consejo Económico y Social.

10. La ordenación territorial de los Servicios de Salud será competencia:

a) Del Estado.
b) De las Comunidades Autónomas.
c) De los Ayuntamientos.
d) De las Diputaciones Provinciales.

11. Señala la respuesta incorrecta respecto al Consejo de Dirección del Área de Salud:

a) El Consejo de Dirección estará formado por la representación de la Comunidad Autónoma, que supondrá el 50 por 100 de los miembros de aquel, y los representantes de las Corporaciones Locales, elegidos por quienes ostenten tal condición en el Consejo de Salud.
b) Al Consejo de Dirección del Área de Salud corresponde formular las directrices en política de salud y controlar la gestión del Área, dentro de las normas y programas generales establecidos por la Administración autonómica.
c) Al Consejo de Dirección le corresponde el establecimiento de los criterios generales de coordinación en el Área de Salud.
d) Una de las funciones del Consejo de Dirección del Área es la aprobación del proyecto del Plan de Salud del Área, dentro de las normas, directrices y programas generales establecidos por la Comunidad Autónoma.

12. ¿Qué título de la Ley 14/1986, de 25 de abril, General de Sanidad, regula la estructura del sistema sanitario público?

a) El Título II.
b) El Título III.

c) El Título V.
d) El Título VI.

13. Señala cuál de los siguientes no es uno de los factores a tener en cuenta a la hora de delimitar las áreas de salud:

a) Factores socioeconómicos.
b) Factores religiosos.
c) Factores culturales.
d) Factores climatológicos.

14. Como regla general, y sin perjuicio de las excepciones a que hubiera lugar, el Área de Salud extenderá su acción a una población:

a) No inferior a 50.000 habitantes ni superior a 150.000.
b) No inferior a 100.000 habitantes ni superior a 250.000.
c) No inferior a 200.000 habitantes ni superior a 250.000.
d) No inferior a 200.000 habitantes ni superior a 350.000.

15. Señala la respuesta incorrecta respecto a las Áreas de Salud:

a) Cada Área de Salud estará vinculada o dispondrá, al menos, de un hospital general, con los servicios que aconseje la población a asistir, la estructura de esta y los problemas de salud.
b) El hospital es el establecimiento encargado tanto del internamiento clínico como de la asistencia especializada y complementaria que requiera su zona de influencia.
c) Las Áreas de Salud se delimitarán teniendo en cuenta factores geográficos, socioeconómicos, demográficos, laborales, epidemiológicos, culturales, climatológicos y de dotación de vías y medios de comunicación, así como las instalaciones sanitarias del Área.
d) En todo caso, cada provincia tendrá, como mínimo, dos Áreas de Salud.

16. A tenor del artículo 57 de la Ley 14/1986, el órgano de participación de las Áreas de Salud es:

a) El Consejo de Salud de Área.
b) El Consejo de Dirección de Área.
c) El Gerente de Área.
d) El Comité de Participación del Área.

17. Los Consejos de Salud de Área están constituidos por:

a) Las organizaciones sindicales más representativas, en una proporción no inferior al 50 por 100, a través de los profesionales sanitarios titulados.
b) La Administración Sanitaria del Área de Salud.

c) La representación de los ciudadanos a través de las Corporaciones Locales comprendidas en su demarcación, que supondrá el 25 por 100 de sus miembros.

d) Todas las respuestas son correctas.

18. Una de las funciones del Consejo de Salud de Área es:

a) Proponer medidas a desarrollar en el Área de Salud para estudiar los problemas sanitarios específicos de la misma, así como sus prioridades.

b) La aprobación de las prioridades específicas del Área de Salud.

c) La propuesta de nombramiento y cese del gerente del Área de Salud.

d) La aprobación de la Memoria anual del Área de salud.

19. Señala la respuesta incorrecta respecto al Gerente del Área de Salud:

a) Es el encargado de la ejecución de las directrices establecidas por el Consejo de Dirección, de las propias del Plan de Salud del Área y de las normas correspondientes a la Administración autonómica y del Estado.

b) Es el órgano de gestión del Área.

c) Puede, previa convocatoria, asistir con voz y voto, a las reuniones del Consejo de Dirección.

d) Es nombrado y cesado por la Dirección del Servicio de Salud de la Comunidad Autónoma, a propuesta del Consejo de Dirección del Área.

20. ¿A quién corresponde la elaboración del Plan de Salud de Castilla-La Mancha?

a) A la Consejería competente en materia de sanidad.

b) Al Consejo de Gobierno de Castilla-La Mancha.

c) Al Ministerio competente en materia sanitaria.

d) Al Consejo Económico y Social.

En MADTEST tienes **más preguntas de este tema**, y todos tus avances quedan registrados y se reflejan en el ranking.

¡Supera tus límites con MADTEST!

Solución al test n.º 2

1. b) Aprobar el reglamento de estructura y funcionamiento del Servicio de Salud de Castilla-La Mancha en los términos marcados en la Ley de Ordenación Sanitaria.

2. c) Es el conjunto de los Servicios de Salud de la Administración del Estado y de los Servicios de Salud de las Comunidades Autónomas en los términos establecidos en la Ley General de Sanidad.

3. d) Hacer efectivo el derecho a la protección de la salud.

4. d) Todos los españoles y los ciudadanos extranjeros que tengan establecida su residencia en España.

5. d) La promoción de salud y prevención de las enfermedades.

6. b) Áreas de Salud.

7. d) En el artículo 43.

8. d) Recursos económicos de la comunidad.

9. a) A la Consejería competente en materia de sanidad.

10. b) De las Comunidades Autónomas.

11. a) El Consejo de Dirección estará formado por la representación de la Comunidad Autónoma, que supondrá el 50 por 100 de los miembros de aquel, y los representantes de las Corporaciones Locales, elegidos por quienes ostenten tal condición en el Consejo de Salud.

12. b) El Título III.

13. b) Factores religiosos.

14. c) No inferior a 200.000 habitantes ni superior a 250.000.

15. d) En todo caso, cada provincia tendrá, como mínimo, dos Áreas de Salud.

16. a) El Consejo de Salud de Área.

17. b) La Administración Sanitaria del Área de Salud.

18. a) Proponer medidas a desarrollar en el Área de Salud para estudiar los problemas sanitarios específicos de la misma, así como sus prioridades.

19. c) Puede, previa convocatoria, asistir con voz y voto, a las reuniones del Consejo de Dirección.

20. a) A la Consejería competente en materia de sanidad.

TEST N.º 3

Estatuto Marco del Personal Estatutario de los Servicios de Salud: normas generales. Derechos y deberes. Adquisición y pérdida de la condición de personal estatutario fijo. Retribuciones. Jornada de trabajo, permisos y licencias. Situaciones administrativas del personal estatutario. Régimen disciplinario. Incompatibilidades

1. La Ley 55/2003 del Estatuto Marco de Personal Estatutario de los Servicios de Salud es de aplicación:

a) Al personal estatutario que integra las profesiones sanitarias.

b) Al personal estatutario que desempeña su función en los centros e instituciones sanitarias de los servicios de salud.

c) Al personal funcionario de los servicios de salud de las Comunidades Autónomas.

d) Al personal sanitario, excluyendo el personal de gestión y servicios.

2. El Estatuto Marco del personal estatutario considera a este personal como titular de una relación:

a) Funcionarial común.

b) Laboral común.

c) Estatutaria de la Seguridad Social.

d) Funcionarial especial.

3. El Estatuto Marco clasifica al personal estatutario de los servicios de salud, atendiendo a la función desarrollada, al nivel del título exigido para el ingreso y al tipo de su nombramiento en:

a) Personal estatutario sanitario y personal estatutario de gestión y servicios.

b) Personal estatutario facultativo, personal estatutario sanitario y personal no sanitario.

c) Personal estatutario de gestión y servicios y personal estatutario facultativo.

d) Todas las respuestas son correctas.

4. El personal estatutario con nombramiento expedido para el ejercicio de una profesión o especialidad sanitaria se denomina:

a) Personal sanitario.
b) Otro personal.
c) Personal de mantenimiento.
d) Personal de gestión y servicios.

5. El personal estatutario con nombramiento expedido para el desempeño de funciones de gestión o para el desempeño de profesiones u oficios que no tengan carácter sanitario se denomina:

a) Personal universitario.
b) Personal de gestión y servicios.
c) Personal directivo.
d) Personal administrativo.

6. Según establece el art. 8 de la Ley 55/2003, de 16 de diciembre, del Estatuto Marco de los Servicios de Salud, es personal estatutario fijo:

a) El que, una vez superado el correspondiente proceso selectivo, obtiene un nombramiento para el desempeño, con carácter permanente, de las funciones que de tal nombramiento se deriven.
b) Todo el personal al servicio de los Servicios de Salud.
c) El personal que realice una prestación de servicios determinados de naturaleza temporal, coyuntural o extraordinaria.
d) El personal en posesión de un contrato laboral indefinido.

7. Conforme al artículo 9.1 del Estatuto Marco (*en redacción dada por el Real Decreto-ley 12/2022, de 5 de julio, por el que se modifica la Ley 55/2003, de 16 de diciembre, del Estatuto Marco del personal estatutario de los servicios de salud*) los nombramientos del Personal Estatutario Temporal de los Servicios de Salud serán:

a) Únicamente de Personal Estatutario Sanitario.
b) Personal Estatutario Contratado.
c) De interinidad.
d) Como Personal Laboral.

8. El personal estatutario de los servicios de salud tiene el deber de:

a) Participar en la elaboración de los convenios colectivos.
b) Realizar sus funciones fuera del horario y jornada habitual.
c) Realizar actividades sindicales.
d) Respetar la Constitución, el Estatuto de Autonomía correspondiente y el resto del ordenamiento jurídico.

9. Según el Estatuto Marco del Personal Estatutario de los Servicios de Salud, ¿cuál de los siguientes es un derecho colectivo?

a) Derecho a la percepción puntual de las retribuciones e indemnizaciones por razón del servicio en cada caso establecidas.
b) Derecho a la libre sindicación.
c) Derecho a la movilidad voluntaria, promoción interna y desarrollo profesional, en la forma en que prevean las disposiciones en cada caso aplicables.
d) Derecho a la jubilación en los términos y condiciones establecidas en las normas en cada caso aplicables.

10. La condición de personal estatutario fijo se adquiere:

a) Por la superación de las pruebas de selección, contrato firmado con el órgano competente e incorporación a una plaza.
b) Por la superación de las pruebas de selección, publicación de su designación en el boletín oficial correspondiente e incorporación a la plaza.
c) Por la superación de la prueba selectiva, nombramiento conferido por el órgano competente e incorporación a la plaza.
d) Ninguna es correcta.

11. La ley 55/2003 estructura el sistema retributivo del personal estatutario en:

a) Retribuciones básicas, complementarias y productividad.
b) Retribuciones básicas, complementarias y específicas.
c) Retribuciones básicas, complementarias y pagas extra.
d) Retribuciones básicas y complementarias.

12. Conforme al Estatuto Marco del Personal Estatutario, las retribuciones básicas son:

a) El sueldo, los trienios y las pagas extraordinarias.
b) El salario base, los trienios y las pagas extras.
c) El sueldo, los quinquenios y las pagas extraordinarias.
d) Ninguna es correcta.

13. No es una retribución complementaria:

a) El complemento de destino.
b) El complemento específico.
c) El complemento de productividad.
d) El complemento de antigüedad.

14. El complemento de productividad:

a) Remunera al personal para atender a los usuarios de los servicios sanitarios de manera permanente.
b) Retribuye las condiciones particulares de algunos puestos en atención a su especial dificultad técnica, dedicación, responsabilidad, incompatibilidad, peligrosidad o penosidad.

c) Es el correspondiente al puesto que desempeñe.

d) Retribuye al especial rendimiento, interés o la iniciativa del titular del puesto.

15. El complemento específico:

a) Remunera al personal para atender a los usuarios de los servicios sanitarios de manera permanente.

b) Retribuye las condiciones particulares de algunos puestos en atención a su especial dificultad técnica, dedicación, responsabilidad, incompatibilidad, peligrosidad o penosidad.

c) Es el correspondiente al nivel del puesto que se desempeñe.

d) Retribuye el especial rendimiento, interés o la iniciativa del titular del puesto.

16. Según el Estatuto Marco, siempre que la duración de la jornada exceda de seis horas continuadas, deberá establecerse un periodo de descanso durante la misma de al menos:

a) 10 minutos.

b) 15 minutos.

c) 20 minutos.

d) 30 minutos.

17. La jornada realizada por el personal estatutario fuera de la jornada ordinaria de trabajo con el fin de garantizar la adecuada atención permanente al usuario de los centros sanitarios, se denomina:

a) Jornada extraordinaria.

b) Jornada complementaria.

c) Jornada partida.

d) Jornada de servicios localizados.

18. Las Comunidades Autónomas, en el ámbito de sus competencias, determinarán la limitación máxima de la jornada a tiempo parcial respecto a la jornada completa, con el límite máximo del:

a) El 80 % de la jornada ordinaria, en cómputo anual, o del que proporcionalmente corresponda si se trata de nombramiento temporal de menor duración.

b) El 75 % de la jornada ordinaria, en cómputo anual, o del que proporcionalmente corresponda si se trata de nombramiento temporal de menor duración.

c) El 70 % de la jornada ordinaria, en cómputo anual, o del que proporcionalmente corresponda si se trata de nombramiento temporal de menor duración.

d) El 50 % de la jornada ordinaria, en cómputo anual, o del que proporcionalmente corresponda si se trata de nombramiento temporal de menor duración.

19. El Estatuto Marco del personal estatutario regula las vacaciones anuales respecto de su duración en términos de:

a) Un mes.
b) Treinta días naturales.
c) No inferior a treinta días naturales.
d) El mes natural en que se disfrute.

20. Según el Estatuto Marco del personal estatutario, la situación de excedencia voluntaria por interés particular obliga a un periodo mínimo de permanencia en ella de:

a) Un año.
b) Dos años.
c) Doce meses.
d) No establece periodo mínimo.

En MADTEST tienes **más preguntas de este tema**, y todos tus avances quedan registrados y se reflejan en el ranking.

¡Supera tus límites con MADTEST!

Solución al test n.º 3

1. b) Al personal estatutario que desempeña su función en los centros e instituciones sanitarias de los servicios de salud.

2. d) Funcionarial especial.

3. a) Personal estatutario sanitario y personal estatutario de gestión y servicios.

4. a) Personal sanitario.

5. b) Personal de gestión y servicios.

6. a) El que, una vez superado el correspondiente proceso selectivo, obtiene un nombramiento para el desempeño, con carácter permanente, de las funciones que de tal nombramiento se deriven.

7. c) De interinidad.

8. d) Respetar la Constitución, el Estatuto de Autonomía correspondiente y el resto del ordenamiento jurídico.

9. b) Derecho a la libre sindicación.

10. c) Por la superación de la prueba selectiva, nombramiento conferido por el órgano competente e incorporación a la plaza.

11. d) Retribuciones básicas y complementarias.

12. a) El sueldo, los trienios y las pagas extraordinarias.

13. d) El complemento de antigüedad.

14. d) Retribuye al especial rendimiento, interés o la iniciativa del titular del puesto.

15. b) Retribuye las condiciones particulares de algunos puestos en atención a su especial dificultad técnica, dedicación, responsabilidad, incompatibilidad, peligrosidad o penosidad.

16. b) 15 minutos.

17. b) Jornada complementaria.

18. b) El 75 % de la jornada ordinaria, en cómputo anual, o del que proporcionalmente corresponda si se trata de nombramiento temporal de menor duración.

19. c) No inferior a treinta días naturales.

20. b) Dos años.

TEST N.º 4

La Ley de Prevención de Riesgos Laborales: Derechos y obligaciones; Consulta y participación de los trabajadores. Plan Perseo: procedimiento de actuación ante una situación de violencia en el centro de trabajo. Resolución de 27/03/2024, de la Dirección-Gerencia, del procedimiento para la certificación negativa del Registro Central de Delincuentes Sexuales y de Trata de Seres Humanos del personal de las instituciones sanitarias del Servicio de Salud de Castilla-La Mancha

1. En relación con las incompatibilidades del personal estatutario, no es cierto que:

a) Será compatible el disfrute de becas y ayudas de ampliación de estudios concedidas en régimen de concurrencia competitiva al amparo de programas oficiales de formación y perfeccionamiento del personal, siempre que para participar en tales acciones se requiera la previa propuesta favorable del Servicio de Salud en el que se esté destinado y que las bases de la convocatoria no establezcan lo contrario.

b) La percepción de pensión de jubilación por un régimen público de Seguridad Social será incompatible con la situación del personal emérito.

c) Las retribuciones del personal emérito, sumadas a su pensión de jubilación, no podrán superar las retribuciones que el interesado percibía antes de su jubilación, consideradas, todas ellas, en cómputo anual.

d) La percepción de pensión de jubilación parcial será compatible con las retribuciones derivadas de una actividad a tiempo parcial.

2. Los representantes de los trabajadores con competencia en materia de prevención de riesgos laborales son:

a) Los miembros de la Junta de personal, Junta Facultativo y Junta de Enfermería.

b) Los técnicos de prevención de riesgos laborales.

c) El Servicio de Medicina Preventiva.

d) Los delegados de prevención.

3. ¿Qué se entiende por "riesgo laboral"?

a) La posibilidad de que un trabajador sufra un determinado daño derivado del trabajo.
b) La posibilidad de que un trabajador sufra una enfermedad en el trabajo.
c) La posibilidad de que un trabajador sufra acoso.
d) El riesgo que supone el ir a trabajar.

4. ¿Quién debe garantizar a los trabajadores la vigilancia periódica de su estado de salud en función de los riesgos inherentes al trabajo?

a) La Inspección de Trabajo.
b) El propio trabajador.
c) El empresario.
d) Las secciones sindicales.

5. El derecho básico reconocido a los trabajadores por la Ley 31/1995, de 8 de noviembre, es:

a) La vigilancia de su estado de salud.
b) Una protección eficaz en materia de seguridad y salud en el trabajo.
c) La formación en materia preventiva.
d) La información, consulta y participación.

6. Indicar cuál es la definición de prevención:

a) La probabilidad racional de que un riesgo se materialice de forma inminente.
b) El estudio de los procesos potencialmente peligrosos para el trabajo.
c) Conjunto de actividades o medidas adoptadas o previstas en todas las fases de actividad de la empresa con el fin de evitar o disminuir los riesgos derivados del trabajo.
d) Posibilidad de que un trabajador sufra un determinado daño derivado del trabajo.

7. Señala la respuesta incorrecta:

a) La Ley de Prevención de Riesgos Laborales se aplica a los operativos de Seguridad civil en casos de catástrofe.
b) La Ley de Prevención de Riesgos Laborales se aplica a las sociedades cooperativas.
c) En el ámbito de la relación laboral de carácter especial del servicio del hogar familiar, las personas trabajadoras tienen derecho a una protección eficaz en materia de seguridad y salud en el trabajo.
d) En los establecimientos penitenciarios, se adaptarán a la Ley de Prevención de Riesgos Laborales aquellas actividades cuyas características justifiquen una regulación especial.

8. ¿Cuál es la vigente Ley de Prevención de Riesgos Laborales?

a) Ley 32/1995, de 8 de noviembre.
b) Ley 30/1996, de 8 de noviembre.

c) Ley 31/1995, de 6 de noviembre.
d) Ley 31/1995, de 8 de noviembre.

9. Entre los principios de la acción preventiva recogidos por el artículo 15 de la Ley de Prevención de Riesgos Laborales, no figura:

a) Evitar los riesgos.
b) Evaluar los riesgos que se puedan evitar.
c) Tener en cuenta la evolución de la técnica.
d) Dar las debidas instrucciones a los trabajadores.

10. ¿Cuántos delegados de prevención se deberán elegir en empresas entre 3001 y 4000 trabajadores?

a) 5.
b) 6.
c) 7.
d) 8.

11. En las empresas de hasta 30 trabajadores el Delegado de Prevención será:

a) El propio empresario.
b) El trabajador más antiguo.
c) El trabajador de mayor cualificación.
d) El delegado de personal.

12. Según la Ley de Prevención de Riesgos Laborales, se constituirá un Comité de Seguridad y Salud en todas las empresas o centros de trabajo que cuenten con:

a) 30 o más trabajadores.
b) 50 o más trabajadores.
c) 75 o más trabajadores.
d) 100 o más trabajadores.

13. Entre las obligaciones de los trabajadores recogidas por la Ley de Prevención de Riesgos Laborales, no figura:

a) Informar directamente al empresario de cualquier situación que entrañe riesgo para la seguridad o salud de los trabajadores.
b) Contribuir al cumplimiento de las obligaciones establecidas por la autoridad competente con el fin de proteger la seguridad y la salud de los trabajadores en el trabajo.
c) Cooperar con el empresario para que este pueda garantizar unas condiciones de trabajo que sean seguras y no entrañen riesgos para la seguridad y la salud de los trabajadores.
d) Utilizar correctamente los medios y equipos de protección facilitados por el empresario, de acuerdo con las instrucciones recibidas de este.

14. La Ley 31/1995, de 8 de noviembre, de Prevención de Riesgos Laborales, ¿se aplica a los empleados de la Administración Pública?

a) Sí, sin distinciones.
b) A los funcionarios sí, al personal laboral no.
c) Al personal laboral sí, a los funcionarios no.
d) No se aplica ni a funcionarios ni a personal laboral.

15. El órgano paritario y colegiado de participación destinado a la consulta regular y periódica de las actuaciones de la empresa en materia de prevención de riesgos, es:

a) El Comité de Empresa.
b) El Consejo de Vigilancia de la Prevención.
c) La Comisión de Evaluación de Riesgos Laborales.
d) El Comité de Seguridad y Salud.

16. ¿Qué capítulo de la Ley 31/1995, de Prevención de Riesgos Laborales se refiere a los derechos y obligaciones?

a) Capítulo 2.
b) Capítulo 3.
c) Capítulo 4.
d) Capítulo 5.

17. La acción preventiva en la empresa:

a) Se planificará por el Comité de Seguridad y Salud a partir de una evaluación inicial de riesgos.
b) Se planificará por los Delegados de Prevención a partir de una evaluación inicial de riesgos.
c) Se planificará por el empresario a partir de una evaluación inicial de riesgos.
d) Se planificará por los Delegados de Personal a partir de una evaluación inicial de riesgos.

18. ¿Cuándo se deben utilizar los equipos de protección individual?

a) Siempre.
b) Cuando los riesgos no hayan sido evaluados.
c) Cuando los riesgos no se puedan evitar o no puedan limitarse.
d) Cuando el trabajador lo estime oportuno.

19. Cuando los trabajadores estén expuestos a un riesgo grave e inminente con ocasión de su trabajo, y el empresario no adopte o no permita la adopción de las medidas necesarias para garantizar la seguridad y la salud de los trabajadores, la Ley 31/1995, de 8 de noviembre, de Prevención de Riesgos Laborales prevé:

a) Los trabajadores afectados podrán paralizar la actividad.
b) El órgano de representación del personal instará formalmente al empresario a la adopción de las medidas necesarias.

c) Los Delegados de Prevención lo comunicarán a la autoridad laboral, que adoptará las medidas necesarias.

d) El órgano de representación de personal podrá acordar la paralización de la actividad.

20. ¿Pueden los trabajadores efectuar propuestas al empresario y a los órganos de participación para mejorar los niveles de protección de la seguridad y salud en la empresa?

a) No.

b) Sí.

c) Según el tamaño de la empresa.

d) Según el número de trabajadores.

En MADTEST tienes **más preguntas de este tema**, y todos tus avances quedan registrados y se reflejan en el ranking.

¡Supera tus límites con MADTEST!

Solución al test n.º 4

1. b) La percepción de pensión de jubilación por un régimen público de Seguridad Social será incompatible con la situación del personal emérito.

2. d) Los delegados de prevención.

3. a) La posibilidad de que un trabajador sufra un determinado daño derivado del trabajo.

4. c) El empresario.

5. b) Una protección eficaz en materia de seguridad y salud en el trabajo.

6. c) Conjunto de actividades o medidas adoptadas o previstas en todas las fases de actividad de la empresa con el fin de evitar o disminuir los riesgos derivados del trabajo.

7. a) La Ley de Prevención de Riesgos Laborales se aplica a los operativos de Seguridad civil en casos de catástrofe.

8. d) Ley 31/1995, de 8 de noviembre.

9. b) Evaluar los riesgos que se puedan evitar.

10. c) 7.

11. d) El delegado de personal.

12. b) 50 o más trabajadores.

13. a) Informar directamente al empresario de cualquier situación que entrañe riesgo para la seguridad o salud de los trabajadores.

14. a) Sí, sin distinciones.

15. d) El Comité de Seguridad y Salud.

16. b) Capítulo 3.

17. c) Se planificará por el empresario a partir de una evaluación inicial de riesgos.

18. c) Cuando los riesgos no se puedan evitar o no puedan limitarse.

19. d) El órgano de representación de personal podrá acordar la paralización de la actividad.

20. b) Sí.

TEST N.º 5

Ley sobre derechos y deberes en materia de salud de Castilla-La Mancha. La igualdad efectiva entre hombres y mujeres. Políticas de igualdad. Medidas de protección integral contra la violencia de género

1. La Ley 5/2010, de 24 de junio, sobre derechos y deberes en materia de salud de Castilla-La Mancha, tiene por objeto regular:

a) En el marco de la legislación del Estado, los derechos y deberes en materia de salud, tanto de los pacientes y usuarios como de los profesionales en Castilla-La Mancha.

b) Los derechos y deberes en materia de salud, tanto de los pacientes y usuarios como de los profesionales en Castilla-La Mancha.

c) En el marco de la legislación básica del Estado, los derechos y deberes en materia de salud de los pacientes y usuarios en Castilla-La Mancha.

d) En el marco de la legislación básica del Estado, los derechos y deberes en materia de salud, tanto de los pacientes y usuarios como de los profesionales en Castilla-La Mancha.

2. Señala cuál de los siguientes no es un principio sobre el que se sustenten los derechos y deberes en la Ley 5/2010, de 24 de junio, sobre derechos y deberes en materia de salud de Castilla-La Mancha:

a) La promoción del interés de las personas por la salud, mediante una información adecuada y una mayor educación para la salud.

b) La corresponsabilidad y participación del paciente y usuario en el adecuado uso de las prestaciones y recursos y el respeto a los profesionales y a las normas de organización y funcionamiento de los centros, establecimientos y servicios sanitarios.

c) La equidad en el acceso al conjunto de los servicios y profesionales sanitarios disponibles, así como a recibir la asistencia sanitaria y los cuidados más adecuados a su estado de salud, sin que pueda producirse discriminación alguna de las personas con discapacidad.

d) El respeto a la objeción de conciencia de los profesionales sanitarios como manifestación del derecho a la autonomía de la voluntad.

3. El derecho a la asistencia sanitaria, la libre elección de profesional sanitario, la segunda opinión médica, el derecho sobre los tejidos o muestras biológicas, la garantía de tiempos máximos de respuesta, los relacionados con pacientes especialmente protegidos, la obtención de medicamentos y el derecho al acompañamiento, se califican en la Ley 5/2010, de 24 de junio, sobre derechos y deberes en materia de salud de Castilla-La Mancha, como:

a) Derechos relativos a la autonomía de la voluntad.
b) Derechos relativos a la documentación sanitaria.
c) Derechos relacionados con los servicios asistenciales.
d) Derechos relativos a la información sanitaria.

4. En relación con los derechos relativos a la intimidad y la confidencialidad, reconocidos en la Ley 5/2010, de 24 de junio, sobre derechos y deberes en materia de salud de Castilla-La Mancha, es correcto que:

a) Los centros, servicios y establecimientos sanitarios vigilarán que se guarde la confidencialidad de los datos referidos a la ideología, religión, creencias, origen racial, vida sexual, al hecho de haber sido objeto de malos tratos y, en general, cuantos datos o informaciones puedan tener especial relevancia para la salvaguarda de la intimidad personal y familiar.

b) Las personas que, en ejercicio de sus funciones, tengan acceso a los datos resultantes de la realización de los análisis genéticos podrán quedar sujetas al deber de secreto.

c) El derecho de confidencialidad no comprende la información referida al patrimonio genético.

d) Cuando la información obtenida, según criterio del médico responsable, sea necesaria para evitar un grave perjuicio para la salud del paciente y la de sus familiares, se informará al propio paciente y a un familiar próximo o, en su caso, a sus representantes, previa consulta del Comité de Ética Asistencial si lo hubiera.

5. En relación con la regulación del derecho a la información asistencial prevista en la Ley 5/2010, de 24 de junio, sobre derechos y deberes en materia de salud de Castilla-La Mancha, señala la respuesta incorrecta:

a) Deberá respetarse la voluntad del paciente de no ser informado. La renuncia al derecho a ser informado deberá formularse por cualquier medio que permita dejar constancia y se incorporará a la historia clínica.

b) El titular del derecho a la información asistencial es el paciente. Se informará a las personas vinculadas a él por razones familiares o de hecho en la medida en que este lo permita expresa o tácitamente.

c) Sin perjuicio del derecho del menor a recibir información sobre su salud en un lenguaje adecuado a su edad, madurez y estado psicológico, en el caso de menores de 16 años no emancipados se informará también a los padres o tutores.

d) Todas las respuestas anteriores son correctas.

6. La autonomía de la voluntad del paciente comprende:

a) La libertad para negarse a recibir un procedimiento diagnóstico, pronóstico o terapéutico.

b) La libertad para poder en todo momento revocar una anterior decisión sobre su propia salud.

c) La libertad para elegir de forma autónoma entre las distintas opciones que exponga el profesional sanitario responsable.

d) Todas las respuestas anteriores son correctas.

7. El consentimiento informado:

a) Se prestará por escrito, por regla general.

b) Será verbal en los procedimientos diagnósticos y terapéuticos invasores.

c) Se prestará por escrito en los procedimientos que impliquen riesgos o inconvenientes de notoria y previsible repercusión negativa sobre la salud del paciente.

d) Será verbal en determinados casos.

8. ¿Cuál de los siguientes datos no debe contener el documento de consentimiento informado?

a) Una declaración de quien presta el consentimiento en la que conste que ha comprendido adecuadamente la información, que conoce que el consentimiento puede ser revocado en cualquier momento, expresando la causa de la revocación y que ha recibido una copia del documento.

b) Riesgos poco frecuentes, cuando sean de especial gravedad y estén asociados al procedimiento por criterios científicos.

c) Alternativas razonables al procedimiento.

d) Firma del profesional sanitario responsable del procedimiento y de la persona que presta el consentimiento.

9. En relación con el ámbito de la Ley 5/2010, de 24 de junio, sobre derechos y deberes en materia de salud de Castilla-La Mancha, señala la respuesta incorrecta:

a) Incluye a todas las personas que residan en los municipios de la Comunidad Autónoma de Castilla-La Mancha.

b) Quienes no residan en ella gozarán de dichos derechos en la forma y condiciones previstas en la legislación estatal y en los Convenios nacionales e internacionales que les sean de aplicación.

c) Sin perjuicio de lo anterior, en Castilla-La Mancha se garantizará a todas las personas la atención en situación de urgencia y emergencia, con especial incidencia en menores, mujeres gestantes y personas que padezcan enfermedades crónicas.

d) Se incluyen a los profesionales de los centros, servicios y establecimientos sanitarios, siempre que sean públicos y se encuentren ubicados en el territorio de la comunidad autónoma.

10. Sin perjuicio del derecho del menor a recibir información sobre su salud en un lenguaje adecuado a su edad, madurez y estado psicológico, se informará también a los padres o tutores, en el caso de:

a) Menores de catorce años no emancipados.
b) Menores de quince años no emancipados.
c) Menores de dieciséis años no emancipados.
d) Menores de diecisiete años no emancipados.

11. ¿Qué título de la Ley para la Igualdad efectiva de Mujeres y Hombres se refiere a las políticas públicas para la igualdad?

a) El Título II.
b) El Título III.
c) El Título IV.
d) El Título V.

12. Las obligaciones establecidas en la Ley para la Igualdad efectiva entre Mujeres y Hombres son de aplicación a:

a) Toda persona que se encuentre o actúe en territorio español, cualquiera que fuese su nacionalidad, domicilio o residencia.
b) Todos los españoles residentes en territorio español; pero no a los españoles que tengan residencia en otro país aunque eventualmente se encuentren en territorio español.
c) Toda persona que se encuentre o actúe en territorio español, originaria de algún país adherido a los Tratados internacionales de eliminación de toda forma de discriminación contra la mujer; pero no se puede aplicar a personas originarias de los países no firmantes.
d) Únicamente a todos los españoles se encuentren o no en territorio español.

13. Todo trato desfavorable a las mujeres relacionado con el embarazo o la maternidad constituye:

a) Acoso sexual.
b) Acoso por razón de sexo.
c) Discriminación directa por razón de sexo.
d) Discriminación indirecta por razón de sexo.

14. Cualquier comportamiento realizado en función del sexo de una persona, con el propósito o efecto de atentar contra su dignidad y de crear un entorno intimidatorio, degradante u ofensivo, constituye:

a) Acoso sexual.
b) Acoso por razón de sexo.
c) Discriminación directa por razón de sexo.
d) Discriminación indirecta por razón de sexo.

15. Los actos y las cláusulas de los negocios jurídicos que constituyan o causen discriminación por razón de sexo se considerarán:

a) Válidos, si todas las partes consienten.
b) Anulables y sin efecto durante el primer año; pasado ese tiempo, si no hay denuncia, tendrán efectos legales.
c) Nulos, pero con efecto.
d) Nulos y sin efecto.

16. La capacidad y la legitimación para intervenir en los procesos civiles, sociales y contencioso-administrativos que versen sobre la defensa del derecho de igualdad entre mujeres y hombres, corresponden a:

a) La persona acosada, únicamente.
b) Cualquier ciudadano.
c) Las personas físicas y jurídicas con interés legítimo.
d) Cualquier persona jurídica.

17. Según el artículo 15 de la Ley para la Igualdad efectiva entre Mujeres y Hombres, el principio de igualdad de trato y oportunidades informará la actuación de todos los poderes públicos:

a) Con carácter transversal.
b) De forma equilibrada.
c) Solo cuando se trate de colectivos de especial vulnerabilidad o de violencia de hecho.
d) Con carácter no vinculante.

18. Según la Disposición Adicional Primera de la Ley para la Igualdad efectiva entre Mujeres y Hombres, se entenderá por composición equilibrada la presencia de mujeres y hombres de forma que, en el conjunto al que se refiera, las personas de cada sexo:

a) Tengan la misma representación; es decir la mitad, o la mitad más uno o menos uno si es un número impar de miembros.
b) No superen el 60 % ni sean menos del 40 %.
c) No superen el 70 % ni sean menos del 30 %.
d) No sean menos del 10 %.

19. Los proyectos de disposiciones de carácter general y los planes de especial relevancia económica, social, cultural y artística que se sometan a la aprobación del Consejo de Ministros deberán incorporar:

a) Un Plan Estratégico de Igualdad de Oportunidades.
b) Una estadística o encuesta que posibilite el conocimiento de las diferencias en los valores, roles, situaciones y condiciones, de mujeres y hombres en el ámbito de acción del proyecto o plan.

c) Un informe periódico sobre el conjunto de sus actuaciones en relación con la efectividad del principio de igualdad entre mujeres y hombres.

d) Un informe sobre su impacto por razón de género.

20. Se definen como "un conjunto ordenado de medidas, adoptadas después de realizar un diagnóstico de situación, tendentes a alcanzar en la empresa la igualdad de trato y de oportunidades entre mujeres y hombres y a eliminar la discriminación por razón de sexo":

a) Los programas de mejora de la empleabilidad de las mujeres.

b) Las medidas de acción positiva para favorecer el acceso de las mujeres al empleo y la aplicación efectiva del principio de igualdad de trato y no discriminación en las condiciones de trabajo.

c) Los protocolos de actuación frente al acoso sexual y al acoso por razón de sexo.

d) Los planes de igualdad de las empresas.

En MADTEST tienes **más preguntas de este tema**, y todos tus avances quedan registrados y se reflejan en el ranking.

¡Supera tus límites con MADTEST!

Solución al test n.º 5

1. d) En el marco de la legislación básica del Estado, los derechos y deberes en materia de salud, tanto de los pacientes y usuarios como de los profesionales en Castilla-La Mancha.

2. d) El respeto a la objeción de conciencia de los profesionales sanitarios como manifestación del derecho a la autonomía de la voluntad.

3. c) Derechos relacionados con los servicios asistenciales.

4. a) Los centros, servicios y establecimientos sanitarios vigilarán que se guarde la confidencialidad de los datos referidos a la ideología, religión, creencias, origen racial, vida sexual, al hecho de haber sido objeto de malos tratos y, en general, cuantos datos o informaciones puedan tener especial relevancia para la salvaguarda de la intimidad personal y familiar.

5. a) Deberá respetarse la voluntad del paciente de no ser informado. La renuncia al derecho a ser informado deberá formularse por cualquier medio que permita dejar constancia y se incorporará a la historia clínica.

6. d) Todas las respuestas anteriores son correctas.

7. c) Se prestará por escrito en los procedimientos que impliquen riesgos o inconvenientes de notoria y previsible repercusión negativa sobre la salud del paciente.

8. a) Una declaración de quien presta el consentimiento en la que conste que ha comprendido adecuadamente la información, que conoce que el consentimiento puede ser revocado en cualquier momento, expresando la causa de la revocación y que ha recibido una copia del documento.

9. d) Se incluyen a los profesionales de los centros, servicios y establecimientos sanitarios, siempre que sean públicos y se encuentren ubicados en el territorio de la comunidad autónoma.

10. c) Menores de dieciséis años no emancipados.

11. a) El Título II.

12. a) Toda persona que se encuentre o actúe en territorio español, cualquiera que fuese su nacionalidad, domicilio o residencia.

13. c) Discriminación directa por razón de sexo.

14. b) Acoso por razón de sexo.

15. d) Nulos y sin efecto.

16. c) Las personas físicas y jurídicas con interés legítimo.

17. a) Con carácter transversal.

18. b) No superen el 60 % ni sean menos del 40 %.

19. d) Un informe sobre su impacto por razón de género.

20. d) Los planes de igualdad de las empresas.

TEST PARTE ESPECÍFICA

TEST N.º 6

El espacio físico de una lavandería hospitalaria: Áreas sucias y limpias. Equipamiento, material e instalaciones

1. ¿Cuál de las siguientes características estructurales de una lavandería hospitalaria no es correcta?

a) Sistema de renovación de aire, con circulación desde la zona limpia a la zona sucia.
b) Suelos antideslizantes, continuos y porosos.
c) Superficies resistentes y de materiales que se limpien y desinfecten con facilidad.
d) Sistema de circulación de agua para su reutilización en el túnel de lavado.

2. En la organización espacial y funcional de una lavandería hospitalaria, se recomienda separar las áreas sucia y limpia mediante una cabina de desinfección que posea puertas coordinadas. ¿Qué significa el término "puertas coordinadas?

a) Que se abran y cierren ambas al mismo tiempo.
b) Que se abran en la misma dirección. Normalmente de la zona limpia a la sucia.
c) Que cuando se abra una de ellas, se cierre de la otra, de tal forma que nunca puedan estar abiertas ambas al mismo tiempo.
d) Que se abran en distinta dirección, siempre hacia el interior de la cabina.

3. Las secciones que componen el servicio de lavandería y planchado hospitalario se distribuyen en él físicamente, atendiendo a varios principios. ¿Cuál de los siguientes enunciados no corresponde con alguno de estos principios?

a) Racionalización de espacios.
b) Evitar el contagio de la ropa limpia.
c) Marcha adelante.
d) Separación e interrelación de fases.

4. Dentro del organigrama de un hospital, ¿de quién depende la gestión del personal y la elaboración de protocolos, dentro del servicio de lavandería?

a) Del Servicio de Medicina Preventiva.
b) De la Dirección-Gerencia.

c) De la Dirección de Enfermería.
d) De la Dirección de Servicios Generales.

5. Dentro del organigrama de un hospital, ¿de quién depende el control de las condiciones higiénico-sanitarias de las instalaciones de la lavandería?

a) Del Servicio de Medicina Preventiva.
b) De la Dirección-Gerencia.
c) De la Dirección de Enfermería.
d) De la Dirección de Servicios Generales.

6. ¿A qué se denomina lavandería centralizada?

a) A la lavandería gestionada por el propio hospital.
b) A aquella cuyas instalaciones se localizan dentro del centro.
c) A aquella que gestiona ella misma su funcionamiento.
d) A aquella en la que el personal, los suministros y los presupuestos provienen del centro.

7. ¿Cómo se denomina el tipo de lavandería que funciona como un departamento dentro de un centro hospitalario, no cuenta con presupuesto propio y suele estar implantada en residencias o centros sanitarios no demasiado grandes?

a) Lavandería institucional.
b) Lavandería externalizada.
c) Lavandería centralizada.
d) Lavandería semicentralizada.

8. ¿Cuál de las siguientes características no es propia del modelo de gestión de lavandería hospitalaria conocido como "lavandería centralizada"?

a) Su capacidad productiva es grande.
b) Tiene gestión propia como centro de gasto.
c) El servicio es más lento.
d) Todas son características propias de las lavanderías centralizadas.

9. El estudio arquitectónico de las lavanderías hospitalarias recomienda que en su distribución se contemplen al menos tres áreas. ¿Qué función cumplen estas áreas?

a) Clasificación, lavado y almacén.
b) Lavado, repaso y almacén.
c) Lavado, planchado y envasado.
d) Esterilización, lavado y planchado.

10. ¿Qué altura mínima de techo se recomienda en la sección de lavado de una lavandería hospitalaria con túnel y secadora?

a) 2 metros.
b) 3,5 metros.

c) 5 metros.
d) 6 metros.

11. Todo lo que se expone respecto al tratamiento de ropa a nivel hospitalario es cierto, excepto que:

a) Se lleva a cabo en fases separadas.
b) Sigue el principio de no retroceso.
c) Es un proceso discontinuo.
d) Es necesaria la separación de dos zonas: limpia y sucia a través de una barrera sanitaria.

12. ¿Qué es necesario de calcular a la hora de implantar un servicio de lavandería?

a) Dotación de medios humanos necesarios.
b) Dotación de medios materiales necesarios.
c) Son ciertas las respuestas a) y b).
d) Son inciertas las respuestas a) y b).

13. ¿Qué aspectos de la maquinaria de lavandería no se deben considerar?

a) Lo que consume la maquinaria.
b) La capacidad y la potencia del aparato.
c) La marca de los equipos.
d) El número necesario, y el espacio disponible donde ubicar las máquinas.

14. ¿De qué cuestión va a depender la cantidad de ropa que se va a procesar en un servicio de lavandería?

a) De si la lavandería atiende la demanda de una sola institución o de varias.
b) Del número de usuarios o residentes que emitan ropa.
c) Son ciertas las respuestas a) y b).
d) Son inciertas las respuestas a) y b).

15. ¿Qué tipo de tratamiento o programas de lavado se le dará a las ropas que tengan manchas de grasas en mayor o menor cuantía?

a) La maquinaria de lavado admitirá programas adecuados que ayuden a emulsionar esas grasas.
b) La maquinaria de lavado admitirá programas adecuados que ayuden a licuar esas grasas.
c) La maquinaria de lavado admitirá programas adecuados que ayuden a blanquear esas grasas.
d) La maquinaria de lavado admitirá programas adecuados que ayuden a suavizar esas grasas.

16. ¿Qué concordancia entre las fases del proceso de tratamiento de la ropa es la correcta?

a) Secado, planchado y lavado.
b) Secado, lavado y planchado.
c) Lavado, secado y planchado.
d) Lavado, planchado y secado.

17. ¿Qué ocurrirá si se dispone de suficiente maquinaria de lavado, pero pocas planchas?

a) La ropa se acumulará en la zona de lavado.
b) La ropa se acumulará en la zona de secado.
c) La ropa se acumulará en la zona de planchado.
d) La ropa no se acumulará en ninguna sección de tratamiento.

18. ¿Cómo se hará la dotación de maquinaria en una lavandería?

a) Se hará atendiendo al proceso y la organización del trabajo.
b) Se hará atendiendo a las características de la ropa a tratar y la organización del trabajo.
c) Se hará atendiendo a las características de la ropa a tratar y el proceso del trabajo.
d) Se hará atendiendo a las características de la ropa a tratar, el proceso y la organización del trabajo.

19. ¿Qué tipo de maquinaria consideras una centrifugadora?

a) Maquinaria para secado.
b) Maquinaria para planchado.
c) Maquinaria para lavado.
d) Maquinaria para empaquetado.

20. ¿Qué tipo de maquinaria consideras una calandra?

a) Maquinaria para secado.
b) Maquinaria para empaquetado.
c) Maquinaria para lavado.
d) Maquinaria para planchado.

En MADTEST tienes **más preguntas de este tema**, y todos tus avances quedan registrados y se reflejan en el ranking.

¡Supera tus límites con MADTEST!

Solución al test n.º 6

1. b) Suelos antideslizantes, continuos y porosos.

2. c) Que cuando se abra una de ellas, se cierre de la otra. De tal forma que nunca puedan estar abiertas ambas al mismo tiempo.

3. b) Evitar el contagio de la ropa limpia.

4. d) Dirección de Servicios Generales.

5. a) Servicio de Medicina Preventiva.

6. c) Aquella que gestiona ella misma su funcionamiento.

7. a) Lavandería institucional.

8. d) Todas son características propias de las lavanderías centralizadas.

9. a) Clasificación, lavado y almacén.

10. c) 5 metros.

11. c) Es un proceso discontinuo.

12. c) Son ciertas las respuestas a) y b).

13. c) La marca de los equipos.

14. c) Son ciertas las respuestas a) y b).

15. a) La maquinaria de lavado admitirá programas adecuados que ayuden a emulsionar esas grasas.

16. c) Lavado, secado y planchado

17. c) La ropa se acumulará en la zona de planchado.

18. d) Se hará atendiendo a las características de la ropa a tratar, el proceso y la organización del trabajo.

19. c) Maquinaria para lavado.

20. d) Maquinaria para planchado.

TEST N.º 7

Clasificación de los textiles. Características de los textiles y estudio de las diferentes fibras que componen los tejidos

1. ¿Qué características básicas de las que se exponen tendrá la ropa hospitalaria?

a) Elasticidad, suavidad y holgura.
b) Comodidad, suavidad e higiene.
c) Comodidad, elasticidad y estética.
d) Tallaje, marcaje e higiene.

2. ¿Qué es la dureza del agua?

a) El pH.
b) La acidez.
c) La cantidad o concentración de sales disueltas.
d) Todas las respuestas son correctas.

3. ¿Qué efectos negativos pueden tener los lavados sobre la ropa?

a) Encogido.
b) Disminución de la resistencia del tejido.
c) Decoloración.
d) Todas las respuestas son correctas.

4. ¿Qué tipo de manchas pueden formarse en tejidos lavados con aguas alcalinas?

a) Blancas.
b) Amarillas y pardas.
c) Negras.
d) Rojas.

5. ¿Qué ocurre si se trata una mancha de sangre con lejía?

a) Se blanquea.
b) Se fija al tejido.

c) No tiene efecto alguno.
d) Se quita.

6. ¿Cómo se elimina una mancha de clorhexidina?

a) Con agua oxigenada.
b) Con perborato.
c) Con lejía.
d) Son correctas las respuestas a) y b).

7. ¿Cómo se denominan los conjuntos de hilo que se entrelazan en el tejido?

a) Urdimbre y trama.
b) Turdible y rama.
c) Cóncavo y convexo.
d) Tira y transversa.

8. ¿Cuál es el resultado de la unión sólida de un conjunto de fibras dispuestas de forma paralela?

a) Tejido.
b) Hilo.
c) Fibra.
d) Prenda.

9. ¿Qué tipo de fibra es el algodón?

a) Vegetal.
b) Animal.
c) Tallos de plantas.
d) Sintética.

10. ¿Qué parámetros determinan el rizado de la fibra?

a) Longitud y grosor.
b) Forma, frecuencia y amplitud.
c) Color y tensión.
d) Todas las respuestas son correctas.

En MADTEST tienes **más preguntas de este tema**, y todos tus avances quedan registrados y se reflejan en el ranking.

¡Supera tus límites con MADTEST!

Solución al test n.º 7

1. b) Comodidad, suavidad e higiene.

2. c) La cantidad o concentración de sales disueltas.

3. d) Todas las respuestas son correctas.

4. b) Amarillas y pardas.

5. b) Se fija al tejido.

6. d) Son correctas las respuestas a) y b).

7. a) Urdimbre y trama.

8. b) Hilo.

9. a) Vegetal.

10. b) Forma, frecuencia y amplitud.

TEST N.º 8

Reacción de los tejidos a la acción de ácidos, lejías, oxidantes, temperatura y acción mecánica

1. ¿Qué afirmación es correcta sobre los ácidos?

a) Un ácido es más fuerte cuanto mayor es la concentración de protones.
b) Un ácido fuerte resulta más agresivo que uno débil.
c) Pueden reaccionar con las sustancias alcalinas y neutralizarse, formando sales.
d) Todas las respuestas son correctas.

2. ¿Qué efecto tienen los ácidos diluidos sobre la tinción?

a) Facilitan el proceso.
b) Dificultan el proceso.
c) Impiden la tinción.
d) Facilitan el desteñido.

3. ¿Qué ácido protege el color de los tejidos?

a) Láctico.
b) Acético.
c) Cítrico.
d) Ninguno de ellos protege el color.

4. ¿Qué es falso sobre los neutralizantes?

a) Son alcalinos.
b) Son ligeramente ácidos.
c) Tienen efecto anticloro.
d) Las respuestas b) y c) son verdaderas.

5. ¿Qué composición tienen las fibras de origen proteico?

a) Están compuestas por cadenas de aminoácidos unidos por enlaces peptídicos.
b) Están formadas por largas cadenas de moléculas de glucosa.

c) Se fabrican cada vez con mayor resistencia a los ácidos y los álcalis.

d) Se dañan con mayor facilidad al contacto con ácidos.

6. ¿Qué efecto tienen la lejía sobre el tejido?

a) Actúa por liberación de sodio.

b) Es oxidante.

c) Tiene carácter ácido.

d) Todas las respuestas son correctas.

7. ¿Qué reacción tiene el poliéster a la lejía?

a) Resisten en general los álcalis suaves.

b) A altas temperaturas se hidrolizan y destruyen.

c) A bajas temperaturas se rompen.

d) Todas las respuestas son correctas.

8. ¿Qué ocurre cuando no se elimina el cloro completamente mediante el aclarado?

a) Los restos libres se adhieren a la fibra.

b) Se forman manchas amarillentas.

c) La ropa queda más blanca.

d) Las respuestas a) y b) son correctas.

9. ¿Cuál de estas sustancias es oxidante?

a) Perborato sódico.

b) Peróxido de hidrógeno.

c) Oxígeno activo.

d) Todas las respuestas son correctas.

10. ¿Qué reacción tienen las fibras proteicas al calor?

a) Se funden y se rizan con el calor.

b) Arden rápidamente a la llama.

c) Encogen.

d) No se ven afectadas.

En MADTEST tienes **más preguntas de este tema**, y todos tus avances quedan registrados y se reflejan en el ranking.

¡Supera tus límites con MADTEST!

Solución al test n.º 8

1. d) Todas las respuestas son correctas.

2. a) Facilitan el proceso.

3. b) Acético.

4. a) Son alcalinos.

5. a) Están compuestas por cadenas de aminoácidos unidos por enlaces peptídicos.

6. b) Es oxidante.

7. b) A altas temperaturas se hidrolizan y destruyen.

8. d) Las respuestas a) y b) son correctas.

9. d) Todas las respuestas son correctas.

10. a) Se funden y se rizan con el calor.

TEST N.º 9

Actuación de las fibras textiles frente al planchado. Cuidados en la operación y riesgos en las piezas al planchado

1. ¿En qué norma ISO se especifica un método de ensayo para determinar la resistencia del color de los textiles?

a) UNE-EN ISO 105-X11.
b) UNE-EN ISO 100-X11.
c) UNE-EN ISO 105-X15.
d) No se especifica en ninguna.

2. ¿De qué depende que un tejido se pueda planchar a más o menos temperatura?

a) Del tipo de programa de plancha que utilicemos.
b) Del tipo de fibra del tejido.
c) De la estructura del tejido.
d) Las respuestas b) y c) son correctas.

3. ¿Qué tejido es prácticamente inarrugable?

a) Lino.
b) Algodón.
c) Lana.
d) Viscosa.

4. Se arrugan con mucha facilidad los tejidos con:

a) Lana.
b) Algodón.

c) Poliéster.
d) Poliamida.

5. El grupo de ropa de cama, según las materias primas que componen dichos artículos, no contendrá:

a) Poliéster.
b) Viscosa.
c) Lana.
d) Algodón.

6. ¿Cuál es el Real Decreto relativo al etiquetado de composición de los productos textiles?

a) R.D. 924/97, de 5 de junio.
b) R.D. 928/87, de 5 de junio.
c) R.D. 829/87, de 5 de junio.
d) R.D. 428/78, de 5 de junio.

7. La norma relativa al etiquetado y composición de textiles es de aplicación a:

a) Las empresas dedicadas a la fabricación de textiles.
b) Las empresas dedicadas a la comercialización de textiles.
c) Los productos textiles nacionales.
d) Todas las respuestas son correctas.

8. ¿Cuál de las siguientes expresiones no se puede utilizar delante del nombre de la fibra para denominar productos puros?

a) 100 por 100.
b) Puro.
c) Todo.
d) Único.

9. ¿Qué denominación podrá usarse para el tejido que tiene una cantidad de lana virgen del 30 por 100 del peso total de la mezcla?

a) Lana.
b) Lana virgen.
c) Lana tratada.
d) Mezclilla.

10. ¿Qué producto podrá denominarse "semilino"?

a) Los productos que contengan una urdimbre de algodón puro y una trama en lino puro y cuyo porcentaje de lino no sea inferior al 40 por 100 del peso total de la tela sin encolar.

b) Los productos que contengan un 90 por 100 de lino y que no hayan sido sometidos a tratamientos previos a su comercialización.

c) Los productos que no contengan lana virgen.

d) Los productos que contengan una urdimbre de algodón puro y una trama en lino puro y cuyo porcentaje de lino sea inferior al 40 por 100 del peso total de la tela sin encolar.

En MADTEST tienes **más preguntas de este tema**, y todos tus avances quedan registrados y se reflejan en el ranking.

¡Supera tus límites con MADTEST!

Solución al test n.º 9

1. a) UNE-EN ISO 105-X11.

2. d) Las respuestas b) y c) son correctas.

3. c) Lana.

4. b) Algodón.

5. c) Lana.

6. b) R.D. 928/87, de 5 de junio.

7. d) Todas las respuestas son correctas.

8. d) Único.

9. b) Lana virgen.

10. a) Los productos que contengan una urdimbre de algodón puro y una trama en lino puro y cuyo porcentaje de lino no sea inferior al 40 por 100 del peso total de la tela sin encolar.

TEST N.º 10

La ropa hospitalaria, tipos y características: ropa plana y ropa de forma hospitalaria. Planchado de ropa de línea. Planchado de ropa de forma. Planchado de ropa de felpa

1. ¿Qué prendas no son ropa de forma?

a) Pantalones, camisas, batas.
b) Camisones, pijamas.
c) Mantas, colchas, manteles.
d) Todas las respuestas son correctas.

2. ¿Qué ropa no es de línea?

a) Sábana entremetida.
b) Gorro verde de quirófano.
c) Funda de almohada.
d) Uniforme de celador.

3. ¿Qué ropa hospitalaria de forma es de algodón 100 %?

a) Camiseta de niño.
b) Pijama de niño.
c) Bata verde de quirófano.
d) Son todas ropas de algodón 100%.

4. ¿Qué ropa de línea hospitalaria es de algodón 100 %?

a) Sábana blanca.
b) Funda de almohada.
c) Colcha de cama.
d) Son todas ropas de algodón 100 %.

5. ¿A qué tipo de tratamiento no puede ser sometida la ropa hospitalaria en un centro infantil?

a) A tratamientos poco agresivos.
b) A tratamientos medianamente agresivo.

c) A tratamientos demasiado agresivos.
d) A tratamientos muy suaves.

6. ¿Con qué tipo de ropa la decoloración es un problema frecuente?

a) Con la ropa de cama.
b) Con la ropa interior de pacientes.
c) Con la ropa verde de quirófanos.
d) Con la ropa de dormir (pijama, camisón…).

7. ¿Cómo se denomina también la ropa de línea?

a) De forma.
b) Informe.
c) Lisa.
d) Rugosa.

8. ¿Cómo se hace el cálculo de la producción de ropa en una lavandería?

a) En función del número de prendas de línea.
b) En función del peso de ropa.
c) En función del volumen de ropa.
d) En función del número de bolsas de ropa.

9. ¿Qué es mayor, el peso de la ropa lavada o el peso de la ropa tratada?

a) El peso de la ropa lavada.
b) Son iguales.
c) El peso de la ropa tratada.
d) Depende de la ropa.

10. ¿Cómo se denomina la cantidad de ropa que ha sido sometida a todo el proceso: lavado, planchado y empaquetado?

a) Tratada.
b) Terminada.
c) Lavada.
d) Producida.

En MADTEST tienes **más preguntas de este tema**, y todos tus avances quedan registrados y se reflejan en el ranking.

¡Supera tus límites con MADTEST!

Solución al test n.º 10

1. c) Mantas, colchas, manteles.

2. d) Uniforme de celador.

3. a) Camiseta de niño.

4. d) Son todas ropas de algodón 100 %.

5. c) A tratamientos demasiado agresivos.

6. c) Con la ropa verde de quirófanos.

7. c) Lisa.

8. b) En función del peso de ropa.

9. c) El peso de la ropa tratada.

10. d) Producida.

Factores que intervienen en un buen planchado. Presión, vapor al vacío. Tiempos para la vaporización y el vacío. Problemas típicos en el planchado. Fallos y su corrección

1. ¿Cuál es la función del módulo introductor de la calandra?

a) Realizar la primera fase del planchado.
b) Arrastrar la prenda por los rodillos.
c) Llevar la prenda hacia el interior de la calandra sin riesgo de atrapamiento para el operario.
d) Ninguna respuesta es correcta.

2. ¿En qué momento se pliegan las prendas de línea?

a) Al salir de la calandra.
b) Al entrar en la calandra.
c) Durante el planchado de la calandra.
d) Cuando se van a utilizar.

3. ¿Qué funcionalidades pueden complementar a la calandra?

a) Alimentación de ropa.
b) Plegado.
c) Apilado.
d) Todas las respuestas son correctas.

4. ¿Qué afirmación es correcta?

a) En la cubeta monobloque la disminución del diámetro del rodillo se compensa por la elasticidad del recubrimiento metálico, con lo cual se mantiene el contacto cubeta/rodillo.
b) En la cubeta articulada se sustituyen las dos medias cubetas que abrazan el rodillo por una cubeta mono bloque.

c) La cubeta deformable no tiene zonas de flexión.

d) En la cubeta mono bloque no se mantiene el contacto cubeta/rodillo, pero en los otros dos sistemas sí.

5. ¿De qué factor depende el rendimiento de la calandra?

a) Térmico.
b) Mecánico.
c) Químico.
d) Todas las respuestas son correctas.

6. ¿Qué es el calor de vaporización?

a) Es el calor cedido desde la ropa hacia la cubeta.
b) Es el calor cedido por el vapor de la cubeta a través de la teja.
c) Es el calor absorbido por el fluido térmico.
d) Es la diferencia de temperatura entre la calandra y la prenda.

7. ¿A qué temperatura debe estar la cubeta de la calandra?

a) 70-80 ºC.
b) 100-120 ºC.
c) 170-180 ºC.
d) 250-300 ºC.

8. ¿Qué condición debe darse para que el calor se transmita desde la cubeta de la calandra a la ropa?

a) Que estén a la misma temperatura.
b) Que la ropa esté más caliente que la cubeta.
c) Que haya un gradiente de temperatura importante.
d) Que no estén directamente en contacto.

9. ¿Qué elemento evita que la ropa se queme al contacto con la superficie caliente de la calandra?

a) La cubeta.
b) El muletón.
c) La introductora.
d) Los purgadores.

10. ¿Cómo influye el peso del tejido en el rendimiento de la calandra?

a) La cantidad de agua a evaporar por cada metro cuadrado es directamente proporcional a este peso.

b) La cantidad de agua a evaporar por cada metro cuadrado es inversamente proporcional a este peso.

c) El peso demasiado escaso dificulta el secado y planchado de la prenda.
d) No influye.

11. Entre las soluciones para evitar las impresiones en el planchado de la ropa producidas por la presión NO se encuentra:

a) Aumentar la presión de la cabeza de planchado.
b) Evitar la activación del vacío al mismo tiempo que se plancha con presión.
c) Planchar las costuras con el vacío desactivado.
d) Reducir la fuerza del vacío a través del ajuste de la válvula.

12. Para evitar el brillo en las prendas que se planchan podemos:

a) Reducir la temperatura del planchado.
b) Reducir la presión del vapor.
c) Usar reguladores individuales de presión de vapor en cada prensa de planchado.
d) Todas las respuestas son correctas.

13. Para que no salgan brillos en las prendas que se planchan podemos:

a) Aumentar la temperatura del planchado.
b) Aumentar la presión del vapor.
c) Usar por encima de la prenda un paño de algodón humedecido.
d) Todas las respuestas son correctas.

14. Para evitar la marca de dobladillos de faldas y pantalones podemos:

a) Aumentar la temperatura del planchado.
b) Colocar debajo de la prenda papel de aluminio.
c) Colocar por encima de la prenda un paño de algodón.
d) Disminuir la presión ejercida sobre la prenda.

15. ¿Por dónde comenzaremos a planchar una camisa?

a) Los delanteros.
b) La espalda.
c) Los puños y mangas.
d) El cuello y canesú.

16. En el planchado de pantalones se recomienda:

a) Empezar por el derecho.
b) No utilizar trapo húmedo que evite el brillo.
c) Empezar por la parte alta o de la cintura.
d) Empezar por la parte baja o piernas del pantalón.

17. Los cuellos se planchan:

a) De adentro a las puntas.
b) Primero por fuera y luego por dentro.
c) De arriba abajo.
d) Primero por dentro y luego por fuera.

18. ¿Qué factor no interviene en el planchado?

a) Calor.
b) Humedad.
c) Temperatura de lavado.
d) Presión.

19. ¿Qué medida evitaría la aparición de impresiones durante el planchado?

a) Aumentar la presión de la cabeza de planchado.
b) Activar el vacío al mismo tiempo que se plancha con presión.
c) Reducir la fuerza del vacío a través del ajuste de la válvula.
d) Todas las respuestas son correctas.

20. ¿Qué ventaja tiene el titubeo de la cabeza en la plancha?

a) Permite que la cabeza de Planchado se abra muy lentamente de manera que las telas ligeras no sean levantadas.
b) Bloquea la apertura de la cabeza de planchado evitando que las telas ligeras se levanten.
c) Permite el giro de la plancha para sortear los botones.
d) Aplicación de aire soplado a la tela.

En MADTEST tienes **más preguntas de este tema**, y todos tus avances quedan registrados y se reflejan en el ranking.

¡Supera tus límites con MADTEST!

Solución al test n.º 11

1. c) Llevar la prenda hacia el interior de la calandra sin riesgo de atrapamiento para el operario.

2. a) Al salir de la calandra.

3. d) Todas las respuestas son correctas.

4. a) En la cubeta monobloque la disminución del diámetro del rodillo se compensa por la elasticidad del recubrimiento metálico, con lo cual se mantiene el contacto cubeta/rodillo.

5. d) Todas las respuestas son correctas.

6. b) Es el calor cedido por el vapor de la cubeta a través de la teja.

7. c) 170-180 ºC.

8. c) Que haya un gradiente de temperatura importante.

9. b) El muletón.

10. a) La cantidad de agua a evaporar por cada metro cuadrado es directamente proporcional a este peso.

11. a) Aumentar la presión de la cabeza de planchado.

12. d) Todas las respuestas son correctas.

13. c) Usar por encima de la prenda un paño de algodón humedecido.

14. b) Colocar debajo de la prenda papel de aluminio.

15. c) Los puños y mangas.

16. c) Empezar por la parte alta o de la cintura.

17. d) Primero por dentro y luego por fuera.

18. c) Temperatura de lavado.

19. d) Todas las respuestas son correctas.

20. a) Permite que la cabeza de Planchado se abra muy lentamente de manera que las telas ligeras no sean levantadas.

TEST N.º 12

Manipulación de la ropa limpia en el área de planchado. Almacenamiento después del planchado

1. ¿Cuál es el objetivo principal de mantener la ropa limpia protegida y almacenada?

a) Facilitar su transporte al área de planchado.
b) Reducir los costes de almacenamiento.
c) Evitar que sufra cualquier tipo de contaminación.
d) Clasificarla por tipo de tejido.

2. En la manipulación de la ropa limpia, ¿qué principio se debe seguir para minimizar la contaminación?

a) Aumentar la velocidad de los procesos.
b) Utilizar siempre desinfectantes potentes.
c) Mantenerla húmeda para evitar la proliferación de bacterias.
d) Someterla a la mínima manipulación posible.

3. Al colocar las prendas de línea en la calandra, ¿cómo debe proceder el personal?

a) Cogiéndolas por el centro para mayor sujeción.
b) Utilizando pinzas para evitar el contacto directo.
c) Cogiéndolas por los extremos con guantes.
d) Arrastrándolas directamente sobre la superficie de la calandra.

4. Las toallas, tras salir de la secadora, ¿qué tratamiento reciben inmediatamente?

a) Se doblarán de manera manual o mediante una plegadora mecánica y se empaquetarán.
b) Necesitan un secado ligero antes de meter en calandra.

c) Se colgarán en perchas individuales para su secado.

d) Deben ser repasadas mediante plancha.

5. ¿Qué tipo de prendas se colocan colgadas en perchas individuales y se introducen en un túnel de secado?

a) Las sábanas y otras prendas de línea.

b) Las toallas.

c) Las prendas de forma.

d) Todas las prendas textiles.

6. ¿Por qué es importante aplicar una temperatura de planchado adecuada para cada tipo de tejido?

a) Para acelerar el proceso de secado.

b) Porque la aplicación de temperaturas más altas dañaría los tejidos.

c) Para asegurar la desinfección completa de la prenda.

d) Para facilitar el doblado y empaquetado.

7. ¿Cuál es la temperatura máxima de planchado recomendada para tejidos de algodón y lino?

a) 110 ºC.

b) 150 ºC.

c) 200 ºC.

d) No se especifica en el texto.

8. Para planchar tejidos de lana, mezclas y poliéster, ¿cuál es la temperatura máxima recomendada?

a) 110 ºC.

b) 150 ºC.

c) 200 ºC.

d) Depende del grosor del tejido.

9. ¿Qué tejidos tienen una temperatura máxima de planchado de 110 ºC?

a) Algodón y lino.

b) Lana, mezclas y poliéster.

c) Tejidos elásticos y fajas.

d) Seda natural, rayón, acrílicos o acetatos.

10. ¿Qué tipo de tejidos menciona el texto que no se pueden planchar?

a) Lana y seda natural.
b) Algodón y lino.
c) Elásticos, fajas, pantis, etc.
d) Poliéster y rayón.

En MADTEST tienes **más preguntas de este tema**, y todos tus avances quedan registrados y se reflejan en el ranking.

¡Supera tus límites con MADTEST!

Solución al test n.º 12

1. c) Evitar que sufra cualquier tipo de contaminación.

2. d) Someterla a la mínima manipulación posible.

3. c) Cogiéndolas por los extremos con guantes.

4. a) Se doblarán de manera manual o mediante una plegadora mecánica y se empaquetarán.

5. c) Las prendas de forma.

6. b) Porque la aplicación de temperaturas más altas dañaría los tejidos.

7. c) 200 ºC.

8. b) 150 ºC.

9. d) Seda natural, rayón, acrílicos o acetatos.

10. c) Elásticos, fajas, pantis, etc.

TEST N.º 13

Aparatos universales para el planchado. La prensa universal, la mesa de planchado, la plancha, cabinas o túneles de acabado. Topper, maniquí. La seguridad laboral en el manejo de este tipo de maquinaria

1. Las prensas están especialmente indicadas para el planchado de:

a) Sábanas.
b) Toallas.
c) Camisas.
d) Servilletas.

2. Indica cuál NO es un tipo de prensa de planchado:

a) Universales.
b) De cuello y puños de camisa.
c) De frontal y espalda de camisa.
d) De dobladillo de camisa.

3. ¿Cómo es la parte superior de la prensa de planchado?

a) Abatible.
b) Inmóvil.
c) Almohadillada.
d) Todas las respuestas son correctas.

4. ¿Para qué caso utilizaría planchado por difusión de vapor?

a) Tejidos muy delicados.
b) Sábanas.
c) Toallas.
d) Todas las respuestas son correctas.

5. ¿Cómo limpiaría la plancha a vapor?

a) Con agua del grifo.
b) Con agua destilada.
c) Con aceite.
d) Con sal.

6. ¿Qué tipo de contenedor se utilizaría para el vaciado de la secadora?

a) Jaulas tipo rolltainer.
b) Contenedores tipo trolleys.
c) Carros de fondeo remontables.
d) Las respuestas b) y c) son correctas.

7. El planchado por difusión a vapor se utiliza en:

a) Tejidos resistentes con formación de rayas.
b) Tejidos poco delicados.
c) Tejidos muy delicados que no precisan de pliegues.
d) Tejidos de algodón y lino.

8. ¿Para qué prendas se utiliza el planchado por difusión a vapor?

a) Para los pijamas de los enfermos.
b) Para cortinas y estores.
c) Para las toallas.
d) Para fundas de almohada.

9. Los contenedores tipo trolleys tienen:

a) Cuatro ruedas fijas.
b) Cuatro ruedas giratorias.
c) Cuatro ruedas, dos de ellas giratorias.
d) Tres ruedas, dos de ellas giratorias.

10. Los contenedores tipo trolleys se utilizan para:

a) Depósito de ropa que proviene del vaciado de lavadoras o secadoras.
b) Depósito de ropa que proviene del vaciado de planchadoras y secadoras.
c) Depósito de ropa sucia y contaminada.
d) Vehículos para el traslado de ropa limpia.

11. ¿Cuáles son los riesgos físicos más comunes en la lavandería?

a) Contacto y manejo de sustancias químicas.
b) Exposición al ruido, temperatura y electricidad.
c) Manipulación manual de cargas, posturas forzadas.
d) Todas las respuestas son correctas.

12. ¿Qué riesgo tiene para el trabajador el proceso de centrifugado de la ropa?

a) Temperaturas elevadas y ruidos.
b) Posturas forzadas y manipulación de cargas.
c) Las respuestas a) y b) son correctas.
d) Las respuestas a) y b) son falsas.

13. ¿Qué función tienen las grúas pórtico?

a) Levantar y suspender automáticamente una carga.
b) Transportar cargas en palet.
c) Ayudar a reducir la manipulación de carga.
d) Ninguna respuesta es correcta.

14. ¿Qué característica/s de la carga puede hacer que su manipulación presente un riesgo dorsolumbar?

a) Peso elevado.
b) Gran volumen.
c) Equilibrio inestable.
d) Todas las respuestas son correctas.

15. ¿Qué peso de una carga se recomienda no pasar para su manipulación manual?

a) 3 kg.
b) 10 kg.
c) 25 kg.
d) 50 kg.

16. ¿Qué problema presenta una carga demasiado alta durante su manipulación?

a) Puede entorpecer la visibilidad.
b) Obligará a mantener posturas forzadas.
c) Aumentará la distancia horizontal, siendo mayor la fuerza compresiva en la columna vertebral.
d) Todas las respuestas son correctas.

17. ¿Cuál es el peso máximo de carga que debe manipularse en posición sentada?

a) 3 kg.
b) 5 kg.
c) 10 kg.
d) 25 kg.

18. ¿Qué posibilidades de agarre hay para una carga redonda?

a) Si tienen buenos agarres como asas u otro tipo con formas y tamaños que permitan que la mano se asiente en ellos confortablemente, permaneciendo la muñeca en posición neutral, sin desviaciones ni posturas incómodas.
b) Si sus agarres son mediocres, con asas o hendiduras no tan cómodas como en el caso anterior. O también cargas sin asas que pueden sujetarse flexionando la mano 90º alrededor de la carga.
c) Si no tiene agarres claros, la dificultad de manipulación se hace enormemente superior.
d) Todas las respuestas son correctas.

19. ¿Qué características debe tener el calzado para manipular cargas?

a) Cerrado y con suela lisa.
b) Antideslizante, estable y con protección adecuada del pie.
c) Con cordones.
d) Deberá ser de un número mayor al habitual.

20. ¿Qué problemas pueden ocasionar las vibraciones?

a) Dolor y lesión en la columna vertebral y otras articulaciones.
b) Contracturas musculares.
c) Disminución de la visión.
d) Molestias auditivas.

En MADTEST tienes **más preguntas de este tema**, y todos tus avances quedan registrados y se reflejan en el ranking.

¡Supera tus límites con MADTEST!

Solución al test n.º 13

1. c) Camisas.

2. d) De dobladillo de camisa.

3. a) Abatible.

4. a) Tejidos muy delicados.

5. d) El cuello y canesú.

6. d) Las respuestas b) y c) son correctas.

7. c) Tejidos muy delicados que no precisan de pliegues.

8. b) Para cortinas y estores.

9. c) Cuatro ruedas, dos de ellas giratorias.

10. a) Depósito de ropa que proviene del vaciado de lavadoras o secadoras.

11. b) Exposición al ruido, temperatura y electricidad.

12. c) Las respuestas a) y b) son correctas.

13. a) Levantar y suspender automáticamente una carga.

14. d) Todas las respuestas son correctas.

15. c) 25 kg.

16. a) Puede entorpecer la visibilidad.

17. b) 5 kg.

18. d) Todas las respuestas son correctas.

19. b) Antideslizante, estable y con protección adecuada del pie.

20. a) Dolor y lesión en la columna vertebral y otras articulaciones.

TEST N.º 14

Las secadoras-planchadoras o calandras: características: factores de rendimiento; papel de planchado; otras funciones; roces sobre la cubeta; purgadores; electricidad estática, los posos o depósitos, aspiración de vapores, dificultades de calandra

1. Cuando hay restos de detergente en una calandra, ¿qué procedimiento se utiliza para limpiarla?

a) Se pasa una sábana húmeda.
b) Raspando los rulos con una espátula.
c) Pasándole la manta limpiadora.
d) Frotando los rulos con agua.

2. ¿Cómo hay que tratar el acero ondulado de la calandra?

a) No necesita tratamiento.
b) Hay que protegerlo con una capa de lanilla de acero.
c) Hay que limpiarlo y después encerarlo.
d) La calandra no tiene piezas de acero con forma de ondas.

3. Según su uso las calandras pueden ser:

a) De rodillos periféricos.
b) Con cubeta.
c) Industriales.
d) Con cilindro central.

4. Indica cuál no es una característica de las calandras compactas:

a) Suelen ser con frecuencia calandras murales.
b) La salida de la ropa planchada se realiza por lugar contrario a la entrada.
c) Tienen dimensiones reducidas.
d) Consisten en un cilindro metálico caliente y un fieltro sinfín o un juego de bandas.

5. En las calandras industriales la cubeta estará calentada entre:

a) 100 y 120 ºC.
b) 50 y 100 ºC.

c) 120 y 150 ºC.
d) 170 y 200 ºC.

6. Según sus componentes existen en el mercado tres sistemas de calandras, ¿cuál de los indicados es uno de ellos?

a) Calandra con cilindro central y rodillos periféricos.
b) Calandra con cilindro central con lona conductora.
c) Calandra con cubeta.
d) Todos son sistemas de calandra según sus componentes.

7. En el sistema de calandra de cubeta la radiación térmica se produce mediante:

a) El cilindro central.
b) La cubeta.
c) Los rodillos periféricos.
d) Ninguno de los anteriores.

8. En el sistema de calandra de cubeta el ángulo de contacto de la ropa sólo abarca:

a) 180º.
b) 360º.
c) 200º.
d) 150º.

9. ¿Cuál es la misión de la calandra?

a) Secar y planchar las prendas textiles de ropa lisa en una sola operación.
b) Secar y planchar las prendas textiles de ropa de forma en operaciones separadas.
c) Secar prendas de forma y planchar prendas de línea.
d) Secar prendas de línea y planchar prendas de forma.

10. ¿Cuál puede ser la causa de que los bordes de las prendas no queden perfectamente planchados?

a) Mal funcionamiento de la dobladora.
b) Mal funcionamiento de la introductora.
c) Mal funcionamiento de los rodillos.
d) Mala práctica del trabajador.

En MADTEST tienes **más preguntas de este tema**, y todos tus avances quedan registrados y se reflejan en el ranking.

¡Supera tus límites con MADTEST!

Solución al test n.º 14

1. c) Pasándole la manta limpiadora.

2. c) Hay que limpiarlo y después encerarlo.

3. c) Industriales.

4. b) La salida de la ropa planchada se realiza por lugar contrario a la entrada.

5. d) 170 y 200 ºC.

6. d) Todos son sistemas de calandra según sus componentes.

7. b) La cubeta.

8. a) 180º.

9. a) Secar y planchar las prendas textiles de ropa lisa en una sola operación.

10. b) Mal funcionamiento de la introductora.

TEST N.º 15

Normas generales de actuación en caso de incendio y evacuación. Tipos y manejo de extintores. Protección medioambiental: nociones básicas sobre contaminación ambiental

1. ¿Cuál es la NTP o Nota Técnica de Prevención 045 del Instituto Nacional de Seguridad e Higiene en el Trabajo (INSHT)?

a) Plan de Emergencia contra Incendios.
b) Planes de emergencias en lugares de pública concurrencia.
c) Métodos de extinción y agentes extintores.
d) Extintores de incendio portátiles: utilización.

2. ¿Qué objetivo tiene la organización contra incendios?

a) Controlar con rapidez las emergencias para que sus consecuencias sean mínimas.
b) Minimizar el número de emergencias contra incendios.
c) Apagar el incendio dure lo que dure.
d) Son ciertas las respuestas a) y b).

3. ¿Qué tiempo de la cadena de emergencia contra incendios es el más importante y no se debe romper?

a) El tiempo de detección.
b) El tiempo de evacuación.
c) El tiempo de alarma.
d) Son todos importantes.

4. ¿Qué situación es de menor gravedad en un incendio?

a) Conato de incendio.
b) Gran emergencia.
c) Incendio grave.
d) Todas se tienen que entender de igual gravedad.

5. ¿Qué situación es de mayor gravedad en un incendio?

a) Conato de incendio.
b) Falsa alarma.
c) Incendio grave.
d) Todas se tienen que entender de igual gravedad.

6. ¿Qué turno posee mayor número de efectivos propios disponibles en incendio?

a) Turno limitado.
b) Por la noche.
c) A turno completo.
d) Periodos especiales: festivos, vacaciones, etc.

7. ¿Cómo se denomina, en relación con los efectivos propios disponibles frente a un incendio, aquellos que se consideran periodos especiales?

a) Por festivo.
b) Turno limitado.
c) Por la noche.
d) Turno completo.

8. ¿A qué situación de esta se le denomina ocupación inorganizable conforme las expone la NTP 045?

a) Si se da en hospitales.
b) Si se da en grandes almacenes.
c) Si se da en cárceles.
d) Son todas las anteriores.

9. ¿Qué situación de ocupación conforme las expone la NTP 045 se dará en las cárceles?

a) Ocupación inoperante.
b) Ocupación inorganizable.
c) Ocupación numerosa.
d) Ocupación inevacuable.

10. ¿Qué es lo primero que se debe hacer ante una emergencia por incendio?

a) Luchar contra el fuego con equipos de manguera.
b) Valorar la gravedad de la emergencia.
c) Avisar a ayudas externas.
d) Evacuar.

11. ¿Qué cuestión de las que se nombran está causando un deterioro continuo del medio que afecta a las condiciones ambientales, a la biodiversidad y a la salud de las personas?

a) El crecimiento mundial de la población.
b) El crecimiento mundial de las actividades industriales y agrícolas.
c) El excesivo consumo doméstico y laboral de combustibles fósiles a nivel mundial.
d) Todas las anteriores.

12. ¿Cómo se denomina el desarrollo que se define (declaración de Río- 1992) como aquel que satisface las necesidades de las generaciones presentes, sin comprometer las posibilidades de las generaciones futuras para atender las suyas?

a) Con futuro.
b) Sostenible.
c) Moderno.
d) Ambiental.

13. ¿En qué año se celebra la Cumbre de la Tierra de Río 20?

a) En 2012.
b) En 2006.
c) En 1996.
d) En 1970.

14. ¿Qué normativa española aprueba el texto refundido de la Ley de prevención y control integrados de la contaminación?

a) Ley 27/2006.
b) Ley 34/2007.
c) Real Decreto Legislativo 1/2016.
d) Real Decreto 920/2018.

15. ¿Qué regula la Ley 34/2007, de 15 de noviembre?

a) Las emisiones a los ríos, acuíferos y otras aguas continentales.
b) La gestión de residuos industriales y de suelos contaminados.
c) La calidad del aire y protección de la atmósfera.
d) La gestión de residuos urbanos y de suelos contaminados.

16. ¿Qué gas de los que se nombran parece contribuir más al efecto invernadero tanto por causas naturales como humanas?

a) H_2O en vapor.
b) CH_4.

c) CO_2.
d) N2O.

17. ¿Qué modalidad de gases son los principales causantes del agujero de la capa de ozono?

a) CFC (compuestos cloro-fluoro-carbonados).
b) N_2O (óxido nitroso).
c) CH_4 (metano).
d) CO_2 (dióxido de carbono).

18. ¿Qué procedimiento de los que se enumeran es el más prioritario en orden de actuación como objetivo de gestión de los residuos sólidos?

a) Reciclado.
b) Reducción.
c) Reutilización.
d) Eliminación.

19. ¿Qué se define como aquellas cosas, sustancias, desechos u objetos que ya no tienen la utilidad inicial?

a) Contaminantes.
b) Basura.
c) Residuos.
d) Purín.

20. ¿Qué fenómeno puede provocar el exceso de concentración de materia orgánica en el agua de los ríos?

a) Desoxigenación.
b) Eutrofización.
c) Ecoproliferación.
d) Hipertermia.

En MADTEST tienes **más preguntas de este tema**, y todos tus avances quedan registrados y se reflejan en el ranking.

¡Supera tus límites con MADTEST!

Solución al test n.º 15

1. a) Plan de Emergencia contra Incendios.

2. d) Son ciertas las respuestas a) y b).

3. d) Son todos importantes.

4. a) Conato de incendio.

5. c) Incendio grave.

6. c) A turno completo.

7. a) Por festivo.

8. b) Si se da en grandes almacenes.

9. d) Ocupación inevacuable.

10. b) Valorar la gravedad de la emergencia.

11. d) Todas las anteriores.

12. b) Sostenible.

13. a) 2012.

14. c) Real Decreto Legislativo 1/2016.

15. c) La calidad del aire y protección de la atmósfera.

16. c) CO_2.

17. a) CFC (compuestos cloro-fluoro-carbonados).

18. b) Reducción.

19. c) Residuos.

20. b) Eutrofización.

Cómo acceder al Curso

Planchador/a
Test del temario

El uso de los códigos **es exclusivo de los compradores de los productos de Editorial MAD**. Cada producto posee un código único y de un solo uso. Es personal e intransferible y da acceso a servicios y contenidos adicionales. Editorial MAD se reserva el derecho de hacer cuantas comprobaciones sean necesarias para identificar al legítimo poseedor del código y dejar de dar servicio a quien haga uso fraudulento del mismo, además de emprender cuantas acciones legales estime oportunas según la legislación vigente.

Deberás acceder a:

mad.es/registro-campus

Si una vez aceptadas las condiciones de uso del Campus decides hacer uso del mismo, necesitarás del siguiente código de acceso junto con los códigos del resto de títulos que se exigen (si fuera el caso):

U9MFQCKZBS